《상상수집가 조르주》를 만나다

'상상력에게 권력을!', 세계를 바꾼 문화 혁명이라 불리는 프랑스 68혁명 때 젊은이들이 들고 나온 구호입니다. 무엇이든 자유롭게 상상할 수 있는 나라가 정말 살 만한 나라라 여긴 것이지요. 《상상수집가 조르주》는, 마음껏 생각하고 놀고 상상하는 데 중심을 두는 프랑스 예술 교육 철학이 그대로 드러난 책입니다. 책장을 넘기며 읽고, 만들고, 놀다 보면, 자연스레 지식 정보를 얻을 수 있는 것은 물론이고, 아이들 스스로 생각하고 상상하는 힘이 커지게 됩니다. 사실, 도서관에서 처음 이 책을 펼쳤을 때 아이들은 무척 당황했습니다. 기존 책과 많이 다르기 때문이었지요. 하지만, 곧 책 속으로 빠져들었습니다. 혼자 볼 때는 뒹굴며 상상하고 노는 책이 되고, 누군가와 함께 볼 때는 관계를 맺고 이야기를 만드는 책이 되었습니다. 깔깔거리다가도 진지해지고, 조잘거리다가도 다시 심각해지는 책. 책을 읽는 공간은 진지한 실험실이 되었다가, 신비로운 우주가 되었다가, 시끄러운 공사장이 되었습니다. 가장 신기했던 일은, 책을 별로 좋아하는 않는 아이들이 이 책에 쉽게 빠져드는 것이었습니다. 책을 '읽는다'는 생각보다는 책과 '논다'라고 느끼는 게 이 책이 가진 가장 큰 힘이 아닐까 싶네요.

- 박미숙(책놀이터 도서관장)

《상상수집가 조르주-공룡》의 표지를 보여 줄 때부터 교실은 흥분하기 시작했습니다. "저건 티라노사우루스야!" "아니야! 그건 트리케라톱스야!" 초등학교 1학년 남자 아이들 대부분이 공룡을 좋아하긴 하지만 예상보다 더 환호했습니다. 여학생도 마찬가지였고요. 만들기, 이야기, 놀이는 어린이들이 가장 좋아하는 세 가지 활동입니다. 이 세 분야가 버무려져 있는 것만 봐도 《상상수집가 조르주》는 어린이를 잘 이해하고 있는 책입니다. 지금 당장 만들기를 하고 싶지 않다면 이야기를 읽고, 이야기를 읽고 싶지 않을 땐 놀이를 하면 지루할 틈이 전혀 없으니 말입니다. 그런 의미에서 이 책은 아주 좋은 놀잇감입니다. 아이들이 자기의 생각을 펼치고 주변과 좋은 관계를 맺으며 성장하기를 바란다면, 아이 곁에 《상상수집가 조르주》를 두는 것, 꽤 괜찮은 방법인 것 같습니다.

- 조항미(경복초등학교 교사)

《상상수집가 조르주》는 무엇이 들었는지 궁금증을 자아내는 보물 상자와 같습니다. 책장을 펼치는 순간 이상한 나라의 앨리스가 들어갔던 상상의 토끼 굴에 빠져드는 경험을 하게 됩니다. 꼬리에 꼬리를 무는 수수께끼 놀이의 시공간 속에서, 세상과 다양한 물음표와 느낌표를 주고받으며 아이들은 스스로 상상 이상의 빛나는 세상을 만들어 갑니다. 아이들은 이야기 활동, 놀이 활동, 지식 활동을 오가며 각 권의 주제들을 다양한 각도에서 탐색하고 탐구해 나갑니다. 그러는 동안, 만들기와 요리, 영화와 언어, 과학 등 일상 속의 다양한 활동으로 자신의 세상을 알록달록 물들이는 경험을 하게 됩니다.

- 예정원(문화예술교육활동가)

상상 쑥집가
조르주

샴푸

메종 조르주 출판사 기획 | 이희정 옮김

고래뱃속

안녕? 난 상상수집가 조르주예요!
나는 매일 상상을 모아요.
상상은 엄청 재밌고 멋지거든요.

상상은 궁금한 걸 알아 가고,
새로운 걸 발견하고, 세상을 탐구하고,
실험하고 노는 거예요.

조그만 상상이 모이면 힘이 세져요.
나를 바꾸고, 우리를 바꾸고, 세상을 새롭게 만들어요.

상상이 없는 세상은 정말 상상할 수 없어요.

오늘, 난 샴푸의 세계로 떠나 상상을 잔뜩 모을 거예요.
나랑 같이 갈래요?

이 책은 모두 샴푸에 관한 것들이에요.
짜릿한 이야기와 놀이의 세계로 빠져 볼까요?

1부
이야기

긴 이야기 **제라르, 최고의 샴푸를 개발하다** / 6
인터뷰 **강아지 배우 존 더프를 만나다** / 17
짧은 이야기 **팡피와 고리, 공포의 머리털** / 18
실제로 일어난 이야기 **헤어드라이어는 누가 발명했을까?** / 20
얼렁뚱땅 수사극 **지네트가 사라졌어요!** / 22

2부
놀이

놀이 1 **미용실에 갔어요!** / 26
놀이 2 **오늘은 내가 헤어 디자이너** / 28
뚝딱뚝딱 **샴푸 인형 만들기** / 29~32
놀이 3 **가로세로 낱말 퀴즈** / 33
놀이 4 **꼬꼬 샴푸를 기획하라** / 35
놀이 5 **머리카락의 이모저모** / 36
놀이 6 **클레오파트라와 루이 14세의 가발** / 38
놀이 7 **빗 도둑을 찾아라!** / 40

3부
쓸데 있는 지식

직업 **가발 만드는 장인** / 44
언어 **히브리어** / 46
과학 **정전기의 원리를 알아볼까요?** / 48
영화 **미용사** / 50
만들기 **클레오파트라의 가발** / 52

+
낱말 풀이와 정답

어려운 낱말을 알아봐요 / 55
문제의 답이 있어요 / 56

1부
이야기

긴 이야기
- 제라르, 최고의 샴푸를 개발하다
  6

인터뷰
- 강아지 배우 존 더프를 만나다
  17

짧은 이야기
- 팡피와 고리, 공포의 머리털
  18

실제로 일어난 이야기
- 헤어드라이어는 누가 발명했을까?
  20

얼렁뚱땅 수사극
- 지네트가 사라졌어요!
  22

제라르, 최고의 샴푸를 개발하다

글 델핀 페레   그림 아누크 리카르

제라르는 머리카락을 위한 온갖 제품을 개발해요.
주말마다 작업실에 틀어박혀서 새로운 샴푸, 헤어크림, 헤어로션을 연구하지요.
축축하고 기름진 머리용 샴푸, 짧은 앞머리와 긴 뒷머리를 관리하는 헤어크림,
버터 크루아상* 냄새가 나는 머리를 위한 샴푸 등을 발명했어요.

그러던 어느 주말이었어요. 제라르는 드디어 최고의 샴푸를 만들어 냈어요.
이 샴푸는 머릿결을 반짝이게 하고, 새털처럼 부드럽게 만들어 주었어요.
컴퓨터로 보정*한 잡지 헤어 모델의 머릿결보다 훨씬 더 아름답게 만들어 주었지요.

그런데 신기하게도 최고의 샴푸로 머리를 감을 때면 저절로 노래를 부르게 되었어요.
이건 제라르도 전혀 예상하지 못한 일이었지요.
제라르는 최고의 샴푸를 잔뜩 만들어서 무지갯빛 병에 나눠 담았어요.
이 샴푸 덕분에 세상이 바뀔 거라고 기대하며, 무지갯빛 병을 상자 여러 개에 넣었어요.

샴푸 가게 주인 브뤼다르 씨가 와서 최고의 샴푸 세 병을 사 갔어요. 제라르의 기대에는
못 미치는 반응이었어요. 곱슬머리를 위한 샴푸 주문이 들어와 작업실로 돌아가며,
제라르는 이 주문 역시 시시하다고 생각했어요.
다음날 새벽, 브뤼다르 씨가 작은 화물차를 몰고 와서 최고의 샴푸 열일곱 병을 달라고 했어요.
턱시도를 갖춰 입은 브뤼다르 씨는 땀을 뻘뻘 흘리면서도 무척 기쁜 얼굴이었어요.
그러고는 시간 맞춰 가게 문을 열어야 한다며 서둘러 돌아갔어요.
이건 시작일 뿐이었어요.

그다음 주에 브뤼다르 씨는 최고의 샴푸 네 상자를 주문했어요.
그다음 달에는 트럭 한 대 분량을 주문했지요.
얼마 지나지 않아 모두들 최고의 샴푸를 쓰고 싶어 했어요. 머리를 감을 때마다
시끄러운 노랫소리가 저절로 흘러나왔지만, 어쩔 수 없었어요.
최고의 샴푸를 쓰면 누구나 연예인처럼 찰랑거리는 머릿결을 갖게 되었으니까요.
화장품 가게 진열대*에는 최고의 샴푸만 가득했어요.
다른 샴푸는 아예 판매되지도 않았어요.

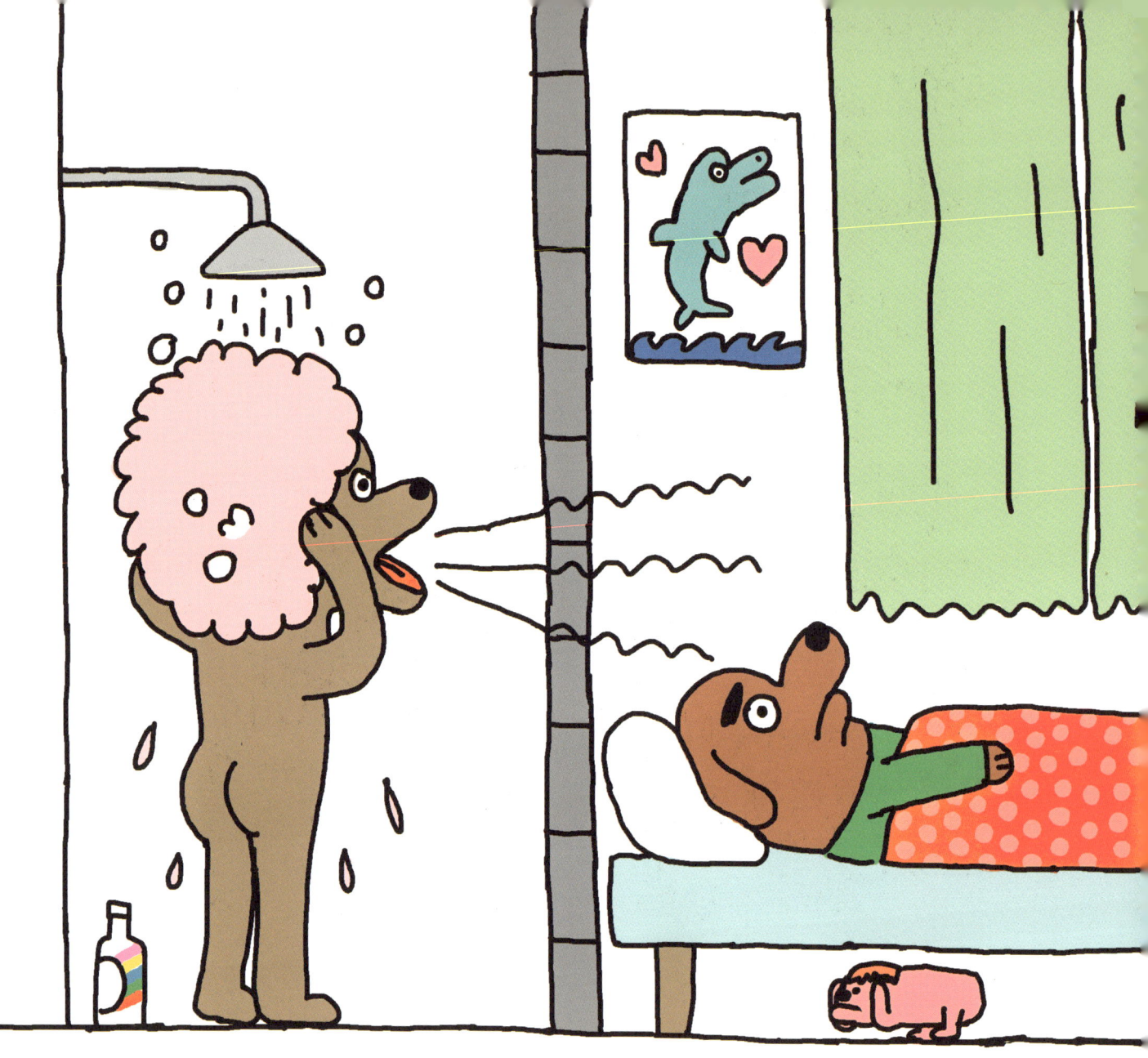

시간이 지나자 머리카락이 없는 이웃들이 불만을 터뜨리기 시작했어요.
머리를 감으면 누구나 귀청이 떨어져라 노래를 불러 댔거든요.
결국 시장님이 밤 9시 이후에 머리 감는 것을 금지했어요.
아침에도, 저녁 8시 뉴스 시간에도, 아이들이 낮잠 자는 시간에도요.
이 모든 일이 너무 성가시고 불편했어요. 불만이 점점 쌓여 갔어요.

이제는 아무도 최고의 샴푸 말고 다른 평범한 샴푸는 쓰고 싶어 하지 않았어요.
반짝거리는 아름다운 머릿결을 가지게 됐는데, 누가 다시 예전으로 돌아가고 싶겠어요?
어느 누구도 그러고 싶진 않았지요.
머리카락이 없는 이웃들은 참다 못해 서명 운동*을 시작했어요.

모두들 각자의 주장을 적은 티셔츠를 만들어서 입고 다녔어요.
상대방에게 보여 주려고 입기 시작했지만, 나중에는 유행이 되었어요.
상황이 이렇게까지 되어 버리자 제라르는 마음이 무척 안 좋았어요.
샴푸를 바꿔 보려고 했지만 기껏 만들어 낸 건
머리에서 고약한 발 냄새가 나게 만드는 샴푸였어요.

최고의 샴푸를 반대하는 쪽이 대규모 집회*를 열자, 이에 질세라 찬성하는 쪽도 집회를 열었어요.
금세라도 양쪽이 충돌할 것 같은 위기 상황이었어요. 경찰, 기자, 소방관 들이 대기하고 있었지요.
그날 오후, 갑자기 제라르의 작업실에서 불이 났어요.
눈이 나쁜 쥐 한 마리가 전선을 치즈 부스러기로 착각해서 갉아 먹은 탓이었죠.
하지만 모두 시위*하느라 바빠서 아무도 불을 끄러 가지 못했어요.
제라르는 정원으로 나와서 작업실이 불타는 걸 바라보았어요.
어쩐지 마음이 홀가분해졌어요. 평화를 되찾을 수 있을 거라는 생각이 들었거든요.

그 후로 여러 달 동안 다들 기름진 머리로 마트에 최고의 샴푸가 들어오길 기다렸어요.
차츰 진열대에 샴푸가 새로 놓이기 시작했어요. 기름진 머리, 건조한 머리, 곧은 머리,
곱슬머리, 짙은 색과 밝은색 염색 머리, 헝클어진 머리를 위한 샴푸들이었지요.
최고의 샴푸는 어느새 잊혀 갔어요.

모든 것이 제자리로 돌아왔어요. 제라르는 정원을 가꾸기 시작했어요.
새로 발명한 비료를 썼는데 효과가 엄청나게 좋았답니다.
하지만 제라르가 모르는 게 하나 있었어요.
그 비료를 쓰면 민달팽이가 노래를 부른다는 사실을요!

제라르는 그냥 편안히 지냈어요.
마음 내키는 대로 하면서요.

인터뷰

글 델핀 페레　그림 아누크 리카르

강아지 배우 존 더프를 만나다

〈제라르, 최고의 샴푸를 개발하다〉에서 제라르 역을 연기한 강아지 배우 존 더프를 만났어요.
존 더프는 역사에 관심이 많고 환경을 보호하는 데도 앞장서 왔어요.

이번 이야기에서 샴푸를 만드는 화학자 역을 맡으셨는데요. 실제로 화학자가 되셨으면 어땠을까요?

존　어릴 적에는 온종일 욕실에 틀어박혀서 치약, 샴푸, 선크림 같은 것들을 섞어 놓고 과학자 흉내를 내며 놀았어요. 과학을 전공하면 좋았겠지만, 제가 수학을 너무 어려워했어요. 게다가 쥐 해부는 절대로 하고 싶지 않았어요. 만약 다른 직업을 선택했다면 아마 화가가 되었을 거예요. 요즘에는 반려견 부비를 많이 그려요.

만화 영화 〈스누피〉, 〈볼트〉와 같이 여러 이야기에 등장하는 유명한 강아지 배우들이 많은데요. 존 씨가 좋아하는 배우가 있다면요?

존　〈볼트〉 얘기가 나와서 말인데요, 잠깐 내용을 소개해 드릴게요. 주인공 볼트는 드라마 세트장에 사는 강아지인데 자신이 초능력이 있다고 믿고 있어요. 드라마에서는 총알보다 빠르게 뛰는 능력을 가진 영웅으로 나오니까요. 그러다 현실에 나오면서 실제 자기 모습과 맞닥뜨려요. 자신은 영웅이 아니라 그냥 평범한 강아지라는 사실을 알게 되지요. 그러던 어느 날, 자기의 친구인 패니가 큰 위험에 처하게 되고, 볼트는 패니를 구하기 위해 고군분투*하며 진정한 영웅으로 성장합니다. 실제로 볼트는 참 유쾌한 강아지예요. 하지만 연기를 시작하면 달라진답니다. 굉장히 진지해져요. 뛰어난 집중력 덕분에 영화 주인공까지 맡을 수 있었던 거죠. 전 강아지 배우들의 이런 실제 성격을 알고 싶어요.

이 이야기에서 최고의 샴푸를 좋아하는 쪽과 싫어하는 쪽이 시위를 벌이잖아요. 실제로 이런 행동에 나서는 편이신가요?

존　많이 나서는 편은 아니에요. 인터넷 서명에는 꽤 많이 참여하지만, 길거리에 직접 나가서 시위를 벌인 적은 많지 않아요. 그 대신에 매년 꿀벌 보호 협회, 숲 보호 협회, 입 냄새 반대 협회 같은 단체에 기부해요.

범죄 영화에 출연하고 싶다고 하셨는데, 다음에 찍으실 작품 내용이 범죄와 관련이 있나요?

존　작년에 범죄 영화에 출연해 달라는 제안을 받았는데 아직 비밀이에요. 지난주에도 범죄 영화 시나리오를 하나 받았답니다. 시나리오가 체코어로 쓰여 있어서 내용이 뭔지 아직 잘 모르겠어요. 번역을 좀 맡겨야겠어요. 슈크림이랑 크로켓* 이야기인 것 같긴 해요.

재밌겠네요. 마지막으로 '머리카락 페스티벌'에 대해 알려 주시겠어요? 함께 출연했던 배우들과 이 페스티벌에 참석하실 거라고 하셨죠?

존　네, 그래요. 귀가 달린 강아지 가발을 쓰고 행진을 한다고 들었어요. 여러분도 놓치지 마세요!

17

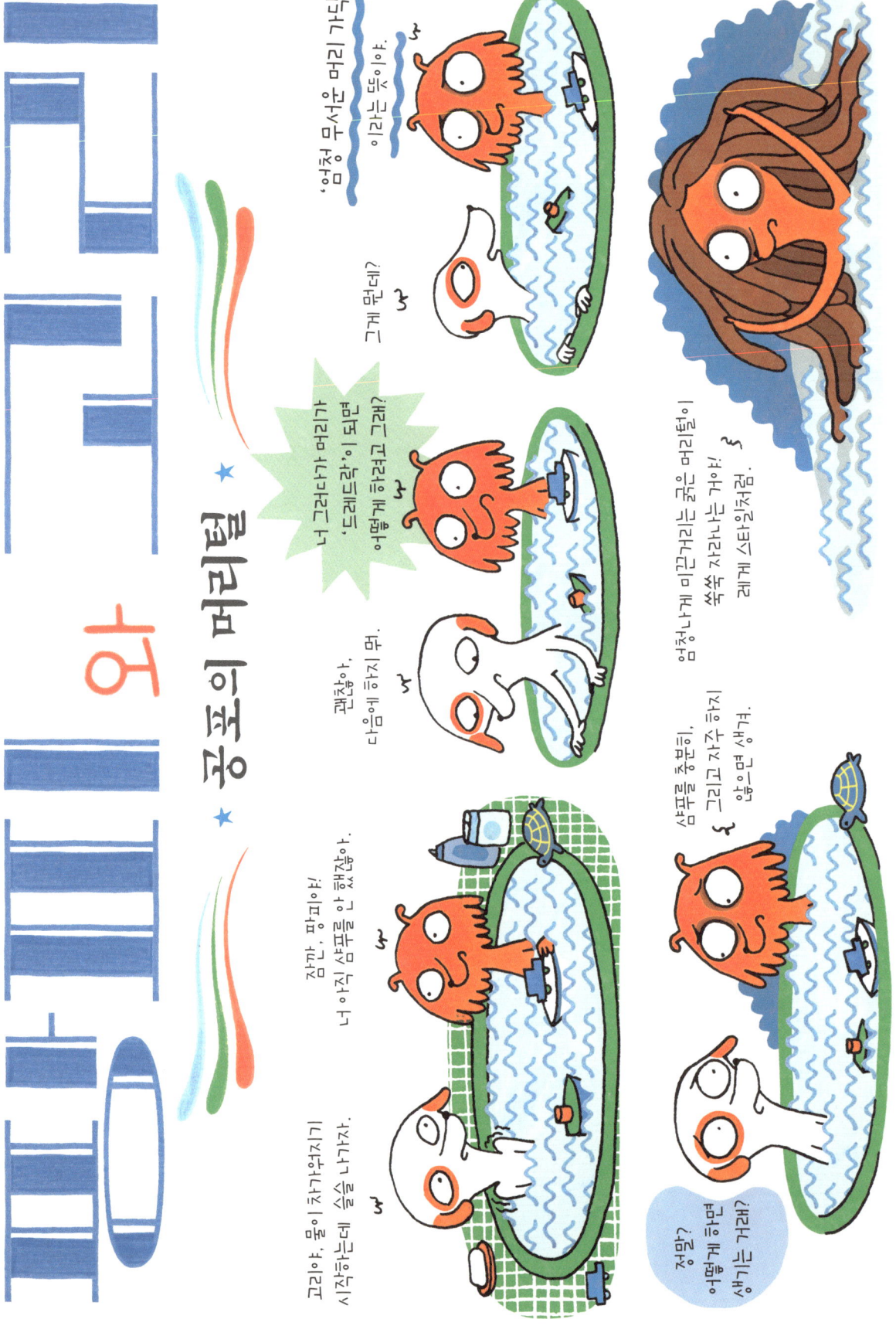

실제로 일어난 이야기

글 뱅상 자도   그림 세브램 미예

헤어드라이어는 누가 발명했을까?

예쁘게 머리 모양을 만들 때나, 아침에 일어나서 뻗친 머리를 정리할 때,
목욕을 하고 나와서 젖은 머리를 말릴 때 헤어드라이어가 꼭 필요해요.
바람이 쌩쌩 나오는 헤어드라이어는 어떻게 만들어졌을까요?

최초의 헤어드라이어

동굴 암벽화*를 보면 아주 오래 전 동굴에서 살던 조상들도 날카롭게 간 돌로 머리카락과 수염을 잘랐다는 것을 알 수 있어요. 하지만 젖은 머리를 말리려면 바람을 이용할 수밖에 없었어요. 그건 바람의 신 아이올로스만이 할 수 있는 일이었지요. 그 후 많은 시간이 흐른 뒤에도 머리를 말릴 때는 여전히 바람을 이용했어요.

고대 그리스 로마 시대에는 이발사나 미용사 들이 솜씨 좋게 머리카락을 자른 뒤에 머리를 감겨 주었어요. 이들은 노예였다가 점차 기술 장인으로 인정받기 시작했어요.

헤어드라이어의 원리는 단순해요. 바람과 약간의 열만 있으면 되지요. 하지만 버튼을 눌러 바람이 나오게 하기까지는 다양한 시도가 필요했어요. 최초의 헤어드라이어는 1886년 프랑스 미용사 알렉상드르 고드프루아가 만들었어요. 머리를 뒤덮고 있는 머리칼에 더운 바람을 불어 넣기 위해, 고드프루아는 모자에 튜브를 끼워 가스 오븐과 연결했어요. 증기기관차 연통을 머리에 뒤집어쓰고 있는 것처럼요. 미용실은 마치 고문실 같았어요. 그런 다음 오른쪽 그림과 같이 편히 앉아서 잡지를 볼 수 있는 모양으로 바뀌었지요.

전기를 이용한 헤어드라이어

1920년대에 마침내 전기를 사용해서 공기를 데우고 내보낼 수 있게 되었어요. 손에 쥘 수 있는 현대식 헤어드라이어는 독일, 미국, 프랑스에서 거의 동시에 발명되었지요. 당시 영국의 가스 회사인 캘러사에서 일하던 프랑스인 엔지니어* 레옹 투이에의 역할이 제일 컸어요.

투이에가 만든 달팽이 모양의 헤어드라이어는 진공청소기 모터*를 달고 있었어요. 이름은 '더운 공기와 찬 공기로 하는 전기 샤워'였지요. 지금이라면 아무도 이런 위험한 이름을 붙이지 않을 거예요. 그 시절 헤어드라이어는 금속 재질이었고 전기나 열이 통하지 않게 하는 장치도 없었어요. 그래서 갑작스러운 감전* 사고가 자주 일어났지요. 무게도 상당해서 헤어드라이어를 흔들면서 머리카락에 바람을 쐬면, 팔과 팔목에 부담이 많이 갔어요.

권총 모양의 헤어드라이어

프랑스의 가전제품 회사인 물리넥스에서 일하던 엔지니어 장 망틀레는 전동 드릴*에서 실마리를 얻어 요즘 사용하는 것과 비슷한 권총 모양의 헤어드라이어를 처음으로 만들어 냈어요. 얼마 지나지 않아 이 헤어드라이어는 선풍적인 인기를 끌었어요.

지금도 헤어드라이어는 계속 발전하고 있어요. 기능이 많아지고 모터는 더 강력해지고 있지요. 하지만 여전히 남아 있는 문제가 하나 있어요. 바로 시끄러운 소리예요. 소리가 전혀 나지 않고 조용한 헤어드라이어가 발명될 날이 곧 오겠지요. 여러분 중에 누군가 발명할지도 모르고요!

얼렁뚱땅 수사극

지네트가 사라졌어요!

탐정 빌 볼레와 조수 파르푸이야르가 펼치는 수사극

빌 볼레

파르푸이야르

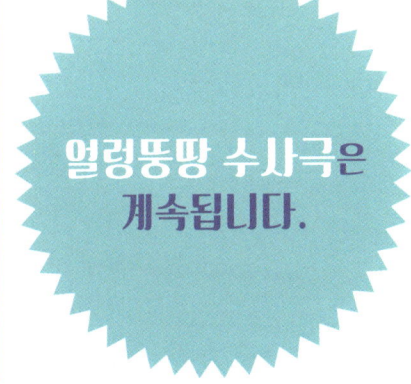

2부
놀이

놀이1 **미용실에 갔어요!**
26

놀이2 **오늘은 내가 헤어 디자이너**
28

뚝딱뚝딱 **샴푸 인형 만들기**
29~32

놀이3 **가로세로 낱말 퀴즈**
33

놀이4 **꼬꼬 샴푸를 기획하라**
35

놀이5 **머리카락의 이모저모**
36

놀이6 **클레오파트라와
루이 14세의 가발**
38

놀이7 **빗 도둑을 찾아라!**
40

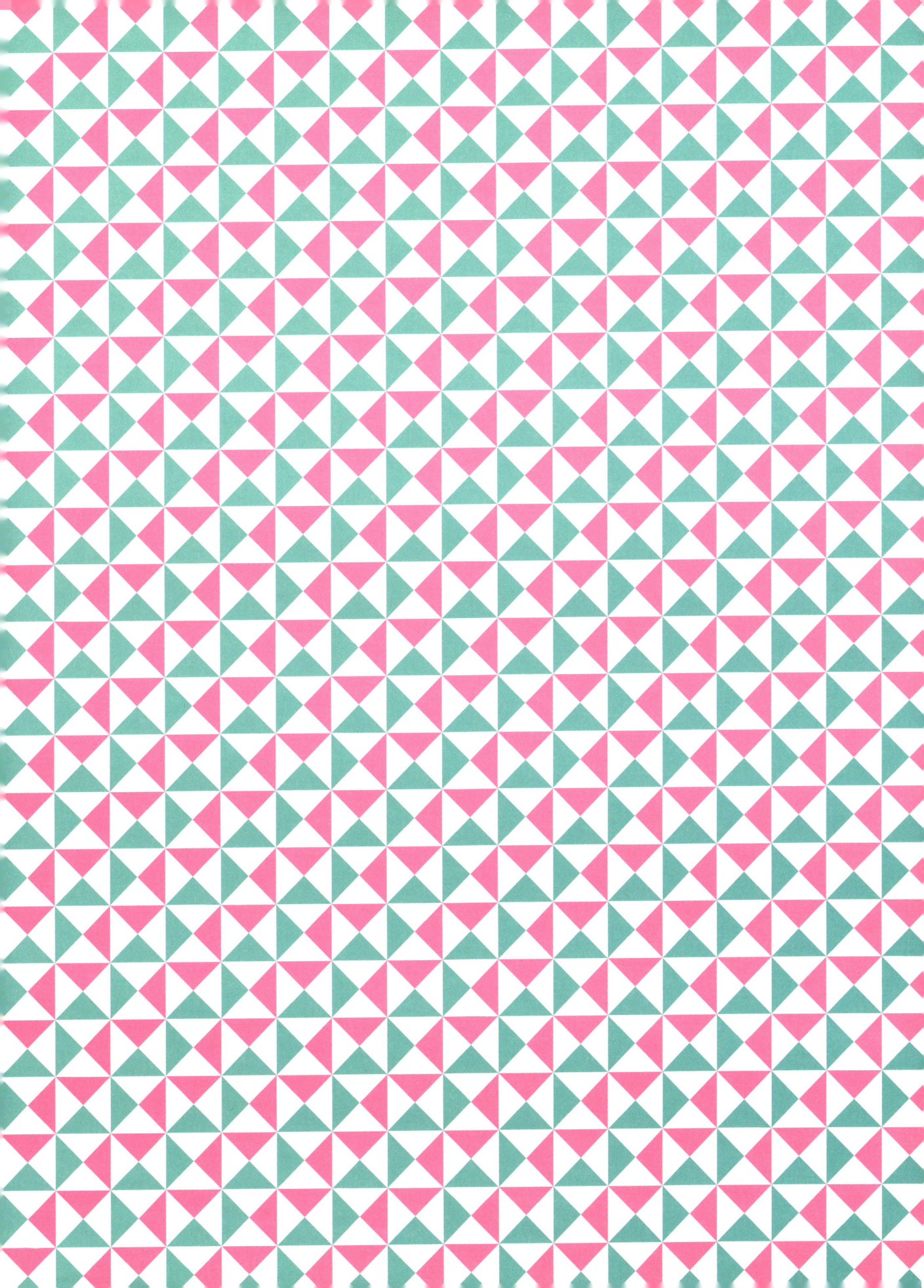

놀이 1 미용실에 갔어요!

그림 제레미 클레이스

머리를 하러 미용실에 왔어요. 미용사는 다른 손님의 머리를 드라이하며 대화를 나누고 있었어요.

1 헤어드라이어 소리 때문에 두 사람의 대화는 도통 알아들을 수가 없어요. 들은 대로 써 보니 도무지 말이 되지 않았어요. 아래 목록에서 바른 낱말을 찾아 대화를 고쳐 보세요.

> 무척 • 좋은 • 뜨겁지 • 가위질 • 스타일 • 자를 수 • 프랑스 • 좋아요 • 다녀오느라 • 앞머리 • 미국
> 남편 • 마르탱 • 귀 • 엉뚱한 • 따끈따끈 • 헤어드라이어 • 언니 • 샴푸 • 여행 • 그렇군요 • 칭찬

- 어떠세요, **하이드라이버**의 바람 때문에 **볼기** 쪽이 너무 **따갑지** 않으세요?

- 아니요, **따끔따끔**한 게 아주 **조롱박이에요.**

- 마르탱 부인, 지금 하신 머리 **스나일**이 **무참** 잘 어울리세요!

- **칭칭** 고마워요, 펠리시. 내가 **남퐁**이랑 **어항**을 **다져오느라** 한동안 못 왔지 뭐예요.

- 아, **그네군요**. 어디, **프랑코**라도 다녀오셨어요?

- 아니요, **미역국**에 있는 **엄니** 집에 다녀왔어요.

- 어머, 제가 전혀 **엉덩한** 곳을 짚었네요. **좔은** 시간 보내셨어요?

- 그냥 그랬어요. 저기, 펠리시, **안머리**를 좀 **자룽 수** 있나요?

- 물론이죠, **마르퉁** 부인, **거미질**만 조금 하면 끝나요. 조르주 씨, **샴페인** 하러 들어가실까요?

2 아래 숫자를 채워 넣어 문장을 완성해 보세요. 숫자 중 하나는 두 번 사용됩니다.

0 - 1 - 2 - 3 - 4 - 6 - 10 - 20

오른쪽 그림을 보면, 가위는 _____개, 눈은 _____개, 속눈썹은 _____가닥이에요.

코는 _____개, 하트는 _____개, 귀고리는 _____개, 립스틱은 _____개, 몸에 있는 점은 _____개,

헤어드라이어에 난 구멍은 _____개예요.

놀이 2 오늘은 내가 헤어 디자이너

그림 스테파니 라슨

해마다 '가장 멋진 헤어스타일' 대회가 열려요. 올해는 여러분이 참가한다고 상상해 보세요.
어떤 헤어스타일을 선보일지 아래 그림을 자유롭게 꾸며 보세요.

**여러분,
이 페이지를 넘기면
오려서 만드는 샴푸 인형이 있어요.**

책을 오리고 싶지 않거나
더 만들어 보고 싶은 친구들은
아래 사이트에 가면 그림을 출력할 수 있어요.

www.goraein.com

뚝딱뚝딱 샴푸 인형 만들기

준비물 :
>커터 칼 (꼭 어른과 함께하세요.)
+가위
+풀

1 머리 부분을 오려요. 커터 칼로 분홍색 선 부분을 그어 달라고 어른에게 부탁해요.

2 점선대로 접고, ①~⑦ 부분도 모두 접어요.

3 이제 머리 모양을 만들어요. ⑥과 ⑦에 풀칠을 해서 얼굴 쪽에 붙이고 ②와 ③에 풀칠해서 뒷머리 쪽에 붙여요. ④와 ⑤를 붙이고, 마지막으로 ①에 풀칠해서 안쪽에 붙여요.

4 몸통 부분을 잘라서 다리 부분만 빼고 점선대로 접어요. ①~⑥ 부분도 접어요.

5 ①과 ②에 풀칠해서 몸통에 붙이고, ③과 ④도 붙인 다음, ⑤와 ⑥도 붙여 몸통 모양을 완성해요.

6 다리와 발의 완성 그림을 보고 앉아 있는 모양으로 만들어요. 발을 접어 붙이세요.

7 팔 부분을 잘라서 세로 방향부터 점선대로 접어서 안쪽을 풀로 붙여요. 양 끝부분을 점선대로 접어요.

8 몸통과 팔의 하얀색 물방울을 딱 맞춰서 붙여요.

9 머리의 하얀색 물방울을 **8**의 하얀색 물방울 위에 놓고 풀로 붙여요.

10 머리 양옆 쪽에 커터 칼로 낸 틈 사이로 팔 끝부분을 집어넣어요.

11 머리카락 부분을 가위로 오려요. 점선대로 접고, ①~④도 접어요. ①과 ②를 풀로 붙이고, ③과 ④도 붙여요.

12 이제 깨끗해진 머리카락을 머리 위에 덮어 줘요. 샴푸 인형이 완성되었어요!

다리와 발의 완성 그림(옆모습)

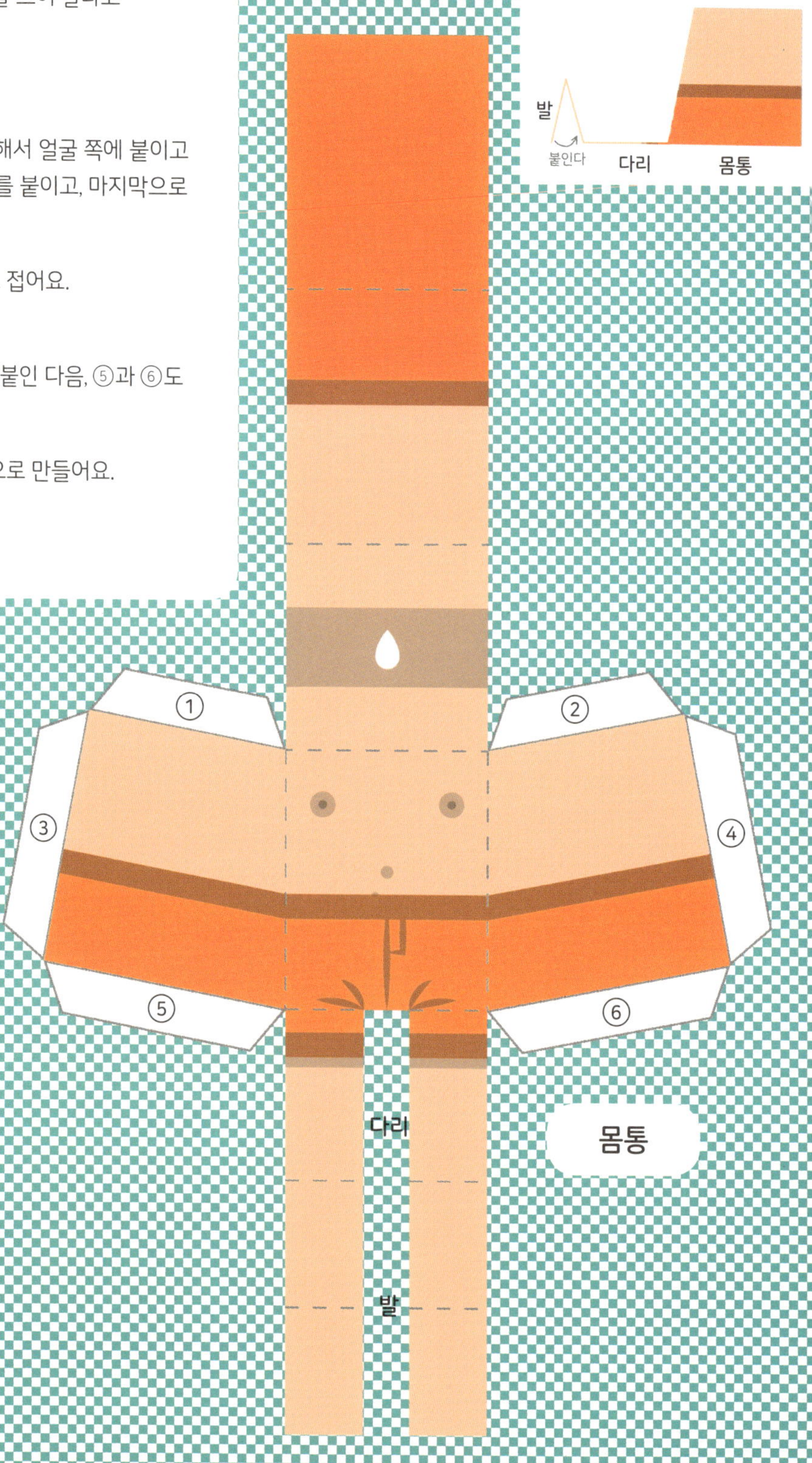

발 / 붙인다 / 다리 / 몸통

다리

발

몸통

디자인 장다비드 맹스루

머리카락

팔

머리

여러분, 새로운 만들기로 곧 다시 만나요!

놀이 3 가로세로 낱말 퀴즈

미용실에서 머리할 순서를 기다리다 잡지에서 낱말 퀴즈를 발견했어요. 재미있어 보이네요!

1 설명에 맞는 낱말을 빈칸에 써 보세요.

가로줄

① 폴짝 뛰고 헤엄을 치는 강력한 뒷다리가 있는 동물
② 물체의 모가 진 가장자리
③ 쇠로 만들어진 큰 상자로 화물을 운반할 때 많이 씀
④ 빙빙 돌아 오르내리게 된 계단
⑤ 포르투갈의 수도
⑥ 부모를 높여 부르는 말
⑦ 영화를 만들기 위하여 쓴 각본
⑧ 사건의 중심이 되는 인물
⑨ 부모님의 아버지
⑩ 아무것도 끼거나 갖지 않은 손
⑪ 단맛, 쓴맛, 신맛, 매운맛, 짠맛 등 다섯 가지 맛이 나는 나무 열매

세로줄

㉠ 머리에 쓰는 것
㉡ 이른 봄에 피는 노란 꽃
㉢ 멀리 떨어져 있는 기계를 작동시키는 물건
㉣ 주둥이가 오리의 부리 같고 발가락에 물갈퀴가 있는 동물
㉤ 곱셈에 쓰는 기초 공식
㉥ 학생을 가르치는 사람
㉦ 모래를 떨어뜨려 시간을 재는 시계
㉧ 테니스 경기에 쓰는 공
㉨ 인간의 지능이 가지는 학습 능력을 갖춘 컴퓨터 시스템
㉩ 우유, 달걀, 향료, 설탕 등을 넣어 크림 상태로 얼린 것
㉪ 왼손의 반대
㉫ 닭의 볏 모양의 꽃줄기에 붉은색, 노란색, 흰색으로 아름답게 꽃이 피는 식물

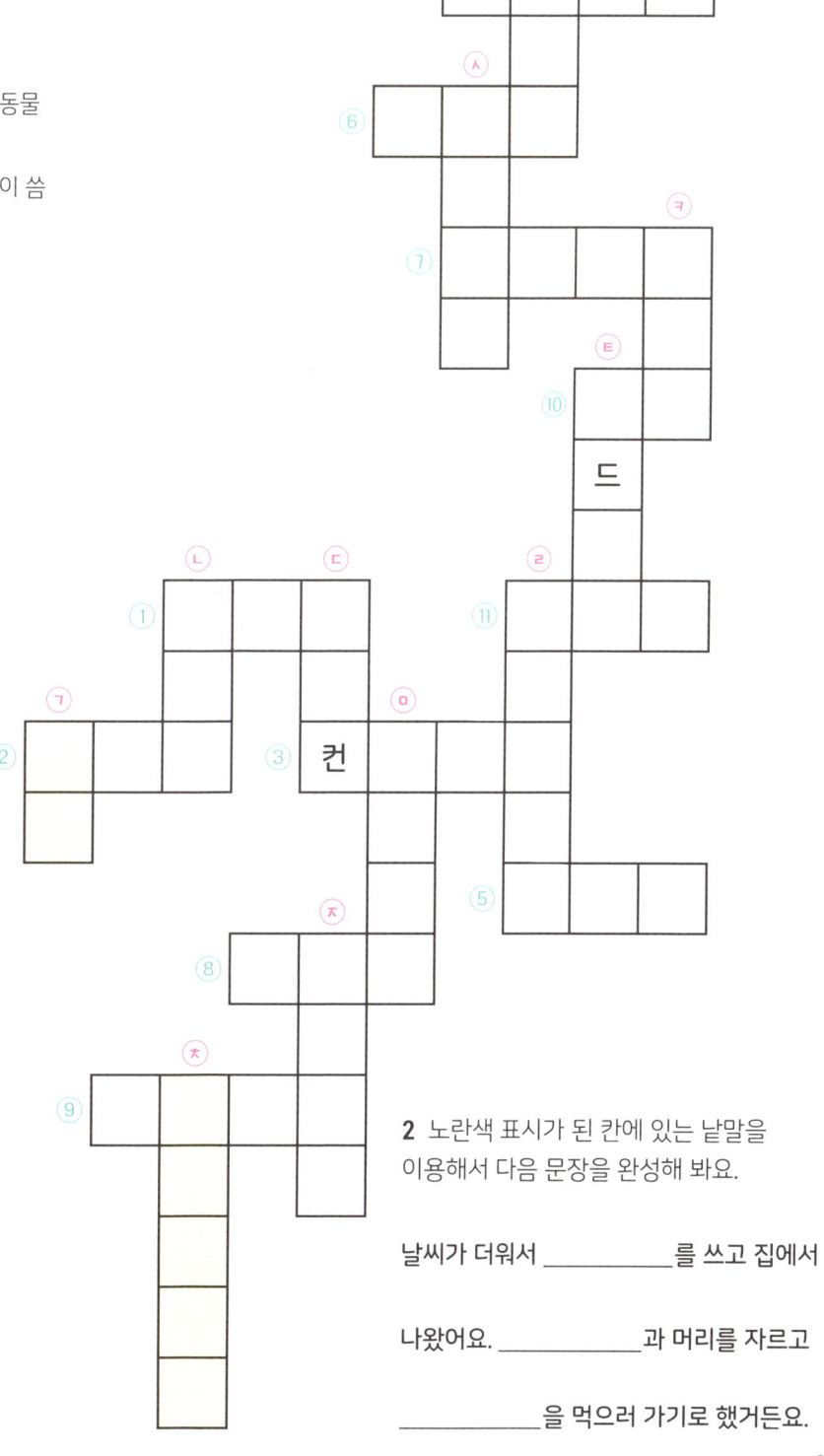

2 노란색 표시가 된 칸에 있는 낱말을 이용해서 다음 문장을 완성해 봐요.

날씨가 더워서 _____를 쓰고 집에서 나왔어요. _____과 머리를 자르고 _____을 먹으러 가기로 했거든요.

놀이 **4** 꼬꼬 샴푸를 기획하라

그림 마르탱 자리

달걀로 머리를 감으면 머릿결이 좋아진다고 해요. 달걀을 넣은 샴푸를 만들어 '꼬꼬'라는 이름을 붙이면 어떨까요? 여러분이 직접 꼬꼬 샴푸를 기획해 보세요.

1 꼬꼬 샴푸를 광고하려고 해요. 그런데 광고 문구 세 개가 섞여 버렸어요. 여러분이 문구를 완성해 보세요. 먼저 같은 글씨체끼리 나눈 다음, 앞뒤 순서를 정하세요.

광고 문구 ①
광고 문구 ②
광고 문구 ③

2 꼬꼬 샴푸에 어울리는 샴푸병을 상상하고 그려 보세요.

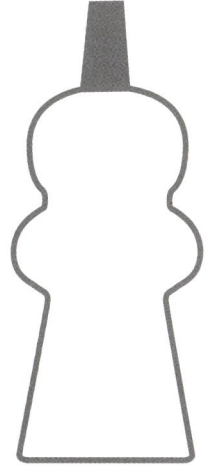

3 왼쪽은 꼬꼬 샴푸 홍보에 쓰일 그림이에요. 그림 속에 재미있는 비밀 그림이 숨어 있어요. 그림을 거꾸로 돌려 보고 어떤 비밀 그림이 보이는지 써 보세요.

놀이 **5** 머리카락의 이모저모

머리카락 전문가 투픽 교수를 찾아가서 머리카락에 대해 궁금한 것을 물어보았어요.

1 질문에 맞는 대답을 연결해 보세요.

1 > .... 2 > .... 3 > .... 4 > .... 5 > .... 6 > ....

1. 사람의 머리카락은 모두 몇 개나 있나요?

ㄱ. 한 달에 약 1cm 정도 자라요.

2. 두피*에 가로세로 각각 1cm인 정사각형을 그린다면, 그 안에 머리카락은 몇 개나 있나요?

ㄴ. 4.2m예요. 머리카락이 정상적인 속도로 자랐다면 35년 동안 기른 거예요.

3. 머리카락은 한 달에 얼마나 자라나요?

ㄷ. 약 12만 개에서 15만 개예요.

4. 머리카락이 하루에는 얼마나 자라나요?

ㄹ. 두피에 가로세로 각각 1cm인 정사각형을 그리면 그 안에는 약 250개의 머리카락이 있어요.

5. 세계에서 가장 긴 머리카락은 몇 m일까요?

ㅁ. 약 50개에서 100개의 머리카락이 빠져요.

6. 하루에 머리카락이 대략 몇 개나 빠지나요?

ㅂ. 하루에 약 0.03mm 정도 자라요.

2 미로에서 무사히 빠져나갈 수 있도록 길을 안내해 주세요.
머리카락을 상하게 하는 칸은 피해야 해요. 아래 규칙을 잘 지키면서 지나가 보세요.

- 머릿니 / 공장 매연 / 수영 칸은 지나갈 수 없어요.
- 헤어드라이어 칸을 지나간 후에는 태양 칸을 지나갈 수 없어요.

놀이 6 클레오파트라와 루이 14세의 가발

그림 ①

지금부터 역사 공부를 해 볼까요?

1 아래는 인류의 역사를 시대로 나누는 낱말들이에요. 실마리를 읽고 가장 오래된 시대부터 순서대로 적어 보세요.

| 고대 | 근세 | 근대 | 선사 시대 | 현대 | 중세 |

실마리
- 고대는 선사 시대가 끝난 후에 시작해요.
- 근세는 중세가 끝난 후에 시작해서 근대가 시작되기 전에 끝나요.
- 현대는 근대가 끝난 후에 시작해요. 우리가 살고 있는 지금이 현대이지요.

선사 시대 → _____ → _____ → _____ → _____ → _____

그림 록산느 뤼메레

그림 ②

시대는 달라도 많은 사람이 가발을 썼어요. 클레오파트라와 루이 14세처럼 말이에요.

2 아래 이야기를 읽고, 잘못 쓰인 낱말 4개를 찾아서 바르게 고쳐 보세요. 답 중에 숫자는 없어요.

> 그림 ① 고대 이집트 여성들은 가발을 많이 썼어요. 머리카락을 모두 미는 석발을 하기도 했죠. 머리를 밀고 가발을 쓰는 게 훨씬 변하다고 생각했기 때문이에요.
>
> 그림 ② 르네상스* 시대에 가발을 최추로 쓴 사람은 루이 13세였어요. 30살 때부터 되머리였다고 해요.

3 아래 물건들은 언제부터 사용하기 시작했을까요?
힌트를 주자면, 한 개는 선사 시대, 두 개는 20세기, 세 개는 고대부터 사용되었어요.

향수
☐ 선사 시대 ☐ 고대 ☐ 19세기

치약
☐ 고대 ☐ 19세기 ☐ 20세기

빗
☐ 선사 시대 ☐ 중세 ☐ 20세기

헤어드라이어
☐ 중세 ☐ 근세 ☐ 20세기

비누
☐ 선사 시대 ☐ 고대 ☐ 중세

헤어 롤*
☐ 선사 시대 ☐ 고대 ☐ 20세기

놀이 7 빗 도둑을 찾아라!

이웃에 사는 마무크 아주머니와 마주쳤어요. 아주머니는 머리를 매만지지 못해 평소와는 매우 다른 모습이었죠.
누군가 아주머니의 빗을 훔쳐 갔대요. 도대체 빗 도둑은 누구일까요?

1 왼쪽은 어제 마무크 아주머니 집에 온 사람들이에요. 실마리 세 개를 풀어 범인이 누구인지 알아맞혀 보세요.

___ 실마리 1 세 번 반복되는 글자를 모두 지워 보세요.

가범수인은양오가늘수아양침미양용실을다수녀가왔다

___ 실마리 2 순서를 바로잡아서 올바른 문장으로 만들어 보세요.

구슬 | 하고 있다 | 여자이고 | 목걸이를 | 길고 | 목이 | 범인은

___ 실마리 3 오른쪽 상자를 참고해서 아래 비밀 문자를 풀어 보세요.

2 아래 헤어스타일을 한 사람이 몇 번째 가로줄과 세로줄에 있는지 찾아보세요.

ㄱ. 포니테일(말총머리)　　> 가로줄 ① 2 3　/　세로줄 1 2 ③ 4

ㄴ. 아프리카식 땋은 머리　　> 가로줄 1 2 3　/　세로줄 1 2 3 4

ㄷ. 펑크스타일*(세운 머리)　　> 가로줄 1 2 3　/　세로줄 1 2 3 4

ㄹ. 바가지 머리　　> 가로줄 1 2 3　/　세로줄 1 2 3 4

ㅁ. 올림머리　　> 가로줄 1 2 3　/　세로줄 1 2 3 4

ㅂ. 드레드락　　> 가로줄 1 2 3　/　세로줄 1 2 3 4

ㅅ. 아프로 머리(흑인 곱슬머리)　　> 가로줄 1 2 3　/　세로줄 1 2 3 4

ㅇ. 드라이로 세팅한* 머리　　> 가로줄 1 2 3　/　세로줄 1 2 3 4

ㅈ. 묶음 머리　　> 가로줄 1 2 3　/　세로줄 1 2 3 4

ㅊ. 스포츠형 머리　　> 가로줄 1 2 3　/　세로줄 1 2 3 4

ㅋ. 리젠트 스타일*　　> 가로줄 1 2 3　/　세로줄 1 2 3 4

ㅌ. 단발머리　　> 가로줄 1 2 3　/　세로줄 1 2 3 4

3 머리카락 색깔을 표현하는 단어를 찾아서 연결해 보세요.

3부
쓸데 있는 지식

직업
- 가발 만드는 장인
  44

언어
- 히브리어
  46

과학
- 정전기의 원리를 알아볼까요?
  48

영화
- 미용사
  50

만들기
- 클레오파트라의 가발
  52

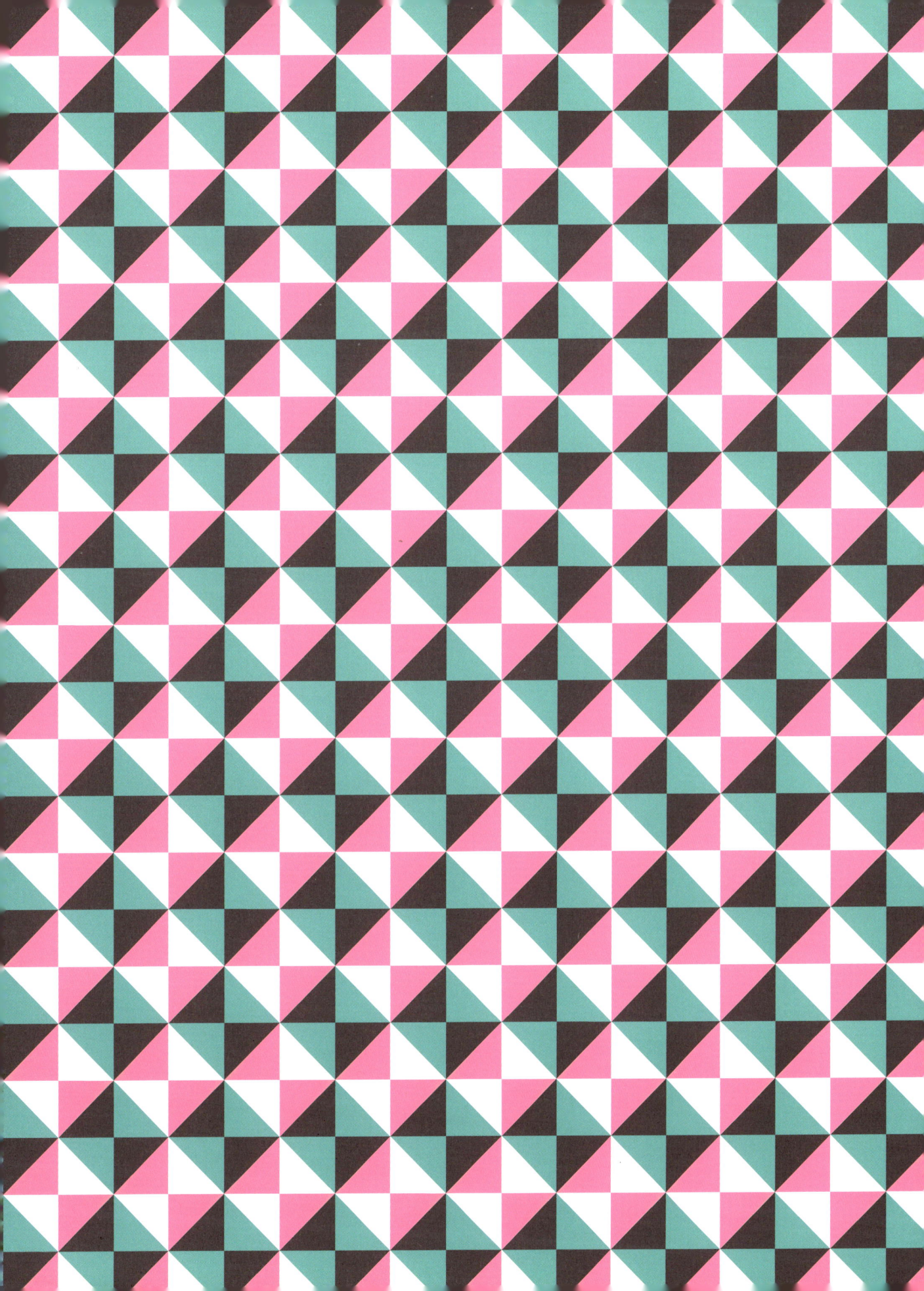

직업

글 뱅상 자도   그림 스테파니 라슨

미용은 예술이에요!
가발 만드는 장인

인터뷰 시간에 좀 늦고 말았어요. 머리가 뻗치는 바람에 거울 앞에서 시간을 많이 끌었거든요.
오늘 만날 사람은 로랑 카이유예요. 패션쇼나 영화, 오페라에서 수염과 가발을 담당하는 예술가랍니다.
여러분은 헤어 디자이너나 특수 분장사에 대해서 얼마나 알고 있나요? 로랑 카이유의 이야기를 함께 들어 봐요.

어릴 적에는 어떤 직업을 갖고 싶으셨나요?
로랑: 대여섯 살 때는 수의사가 되고 싶었어요.

지금 직업은 어떻게 선택하게 되셨죠?
로랑: 저희 아버지는 제가 컴퓨터 프로그래머*가 되기를 바라셨어요. 하지만 저는 예술 쪽으로 진로를 정하고 싶었어요. 제 길을 찾게 해 주려고 어머니가 애를 많이 쓰셨어요. 하루는 유명한 미용사에게 데려가 주셨는데, 그분이 제게 도전 과제를 주셨어요. "석 달 동안 너를 가르쳐서 대회에 내보낼 거야. 거기서 상을 받으면 나한테 계속 배우고, 못 받으면 다른 길을 찾아봐."라고 하셨죠.

대회에서 상을 받으셨나요?
로랑: 네! 그 후에도 여러 번 받았어요. 프랑스에서 열리는 대회에서 1등을 하기도 했지요.

주로 어떤 일을 해 오셨나요?
로랑: 규모가 큰 미용실에 들어가서 패션쇼 일을 했어요. 방송국에서도 일했는데, 개그 쇼 진행자들이 쓰는 가발과 가짜 수염을 만들었지요. 유명한 개그맨들이 제가 만든 가발과 수염을 착용하고 매일 밤 쇼에 출연했답니다. 록 가수 역할을 했던 개그맨을 위해 리젠트 스타일 가발을 만들었던 일이 기억에 남아요. 앞 머리카락은 위로 높이 빗어 올리고 옆 머리카락은 뒤로 빗어 붙이느라 정말 힘들었어요.

가발은 무엇으로 만드나요?
로랑: 인조 머리카락으로 만들기도 하고, 진짜 머리카락을 사용하기도 해요. 머리카락을 모아서 가발을 만드는 데 수십 시간이나 걸리죠.

지금 하시는 일에서 가장 마음에 드는 부분은 무엇인가요?
로랑: 예술적으로 창조하는 일이라는 점이에요. 영화나 연극, 오페라를 만드는 사람들과 만나 어떤 식으로 스타일을 잡을지 서로 의견을 나누는 것을 좋아해요. 또, 미용의 역사에 대해 강의하고 책을 쓰는 일도 좋아하지요.

미용사가 되고 싶어 하는 어린이에게 어떤 이야기를 들려주고 싶으세요?
로랑: 미용사는 아주 고귀한 직업이랍니다. 중세 유럽에서는 수 세기 동안 미용사나 가발 장인들이 외과 의사 일도 같이 했어요. 루이 14세는 미용사들에게 귀족 작위*를 주기도 했지요. 학생들을 교육할 때 이런 이야기를 꼭 전한답니다.

꿈이 있으시다면요?
로랑: 머리카락 박물관을 열고 싶어요.

지금까지 만드신 가발 중에 가장 기억에 남는 건요?
로랑: 거대한 바비 인형에게 씌웠던 세상에서 가장 큰 가발요. 높이가 5미터나 되었지요.

정말 굉장했겠는데요!
로랑: 굉장한 가발 하면 마리 앙투아네트 왕비의 가발을 빼놓을 수 없죠. 1.9미터나 되는 가발을 쓰고 오페라 극장에 갔다고 하거든요. 베르사유 궁전의 여인들은 누가 가장 화려하고 거창한 가발을 쓰는지를 놓고 경쟁을 했다고 해요.

그렇게 큰 가발을 쓰고 문은 어떻게 통과했을까요?
로랑: 문의 크기를 더 키우기도 했고, 도르래를 이용해 특별한 장치를 만들기도 했어요. 시종이 귀부인을 항상 따라다니다가 문을 지날 때는 줄을 당겨서 가발이 푹 꺼지게 만드는 거죠.

그러다가 진짜 머리카락을 잡아당기면요?
로랑: 오, 그럼 큰일이죠!

언어

그림 스테파니 라슨

찰라찰라 히브리어

히브리어는 이스라엘에서 사용하는 언어예요. 이스라엘의 한 도시에서 햇볕을 쬐며 식사를 하고 있다고 상상해 보세요. 메뉴판에 적힌 글자는 우리말과 아주 달라요. 조금 낯선 히브리어를 함께 만나 보세요!

알아두기 ⇨
- 히브리어는 오른쪽에서 왼쪽으로 쓰고, 대문자가 없어요.
- 히브리어 알파벳은 자음이 22개이고, 모음 기호가 있어요. 모음은 글자가 없고 기호로 표시한다는 뜻이지요.
- 글자가 어디에 위치하느냐에 따라 발음이 달라지기도 해요.
- 같은 글자의 필기체*와 인쇄체*가 따로 있어요.

인쇄체	발음	이름	인쇄체	발음	이름
א	[ㅇ]	알레프	ל	[ㄹ]	라메드
ב	[ㅂ]	베트	מ	[ㅁ]	멤
ג	[ㄱ]	기멜	נ	[ㄴ]	눈
ד	[ㄷ]	달레트	ס	[ㅆ]	사메크
ה	[ㅎ]	헤	ע	[ㅇ]	아인
ו	[ㅂ]	바브	פ	[ㅍ]	페
ז	[ㅈ]	자인	צ	[ㅊ]	차데
ח	[ㅎ]	헤트	ק	[ㅋ]	코프
ט	[ㅌ]	테트	ר	[ㄹ]	레쉬
י	[ㅇ]	요드	ש	[ㅅ]	쉰/신
כ	[ㅋ]	카프	ת	[ㅌ]	타브

맞춰 보세요!

히브리어 알파벳 이름을 순서대로 읽어 줄 테니 오른쪽에서 맞는 단어를 찾아 연결해 봐요.
히브리어는 오른쪽에서 왼쪽으로 쓴다는 사실을 잊지 마세요!

우유 [할라브] > 헤트 - 라메드 - 베트 • • סוכר

차 [테] > 타브 - 헤 • • ספל

설탕 [수카르] > 사메크 - 바브 - 카프 - 레쉬 • • תפריט

찻잔 [세펠] > 사메크 - 페 - 라메드 • • חלב

메뉴 [타프리트] > 타브 - 페 - 달레트 - 요드 - 테트 • • תה

בתיאבון
= [베테아본]
맛있게 드세요!

과학

그림 스테파니 라슨

재미있는 실험실
정전기의 원리를 알아볼까요?

춥고 건조한 날에 모자를 벗었더니 머리카락이 곤두섰어요.
이런 현상을 '정전기'라고 해요. 여러분도 정전기가 일어난 적이 있나요?
정전기가 무엇인지 알아보는 간단한 실험을 해 봐요.

준비물

> 금속 재질의 접시
+ 플라스틱 혹은 나무로 만든 빨래집게 1개
+ 모*나 폴리에스터*로 된 옷이나 천
+ 열쇠 1개

방법

정전기 실험은 비가 오지 않는 날에 하는 게 좋아요. 4번부터는
컴컴한 곳에서 해야 하기 때문에 불을 꺼 줄 사람도 있어야 해요.

1 금속 접시에 빨래집게를 꽂아요.

2 양모 스웨터 위에 접시를 수직으로 세우고, 그림처럼 빨래집게를 잡고 있어요.
주의하세요! 지금부터는 접시에 절대 손을 대면 안 돼요.

3 빨래집게로 접시를 세운 상태에서 다른 손으로 양모 스웨터 잡고 접시에
문질러요.

4 방의 불을 꺼 달라고 부탁하고, 접시 가까이로 열쇠를 조심스럽게 가져가요.
접시를 건드리지는 말고 잘 관찰해요.

5 실험을 처음부터 다시 시작해 보세요.
4번 단계에서 열쇠 대신 손가락을 갖다 대 봐요. 무슨 일이 일어나나요?

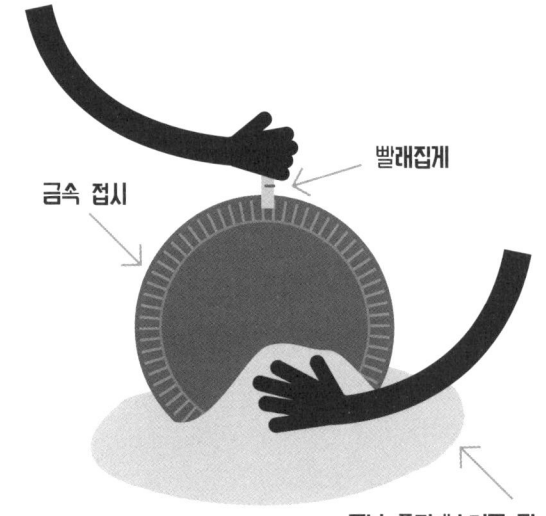

빨래집게
금속 접시
모나 폴리에스터로 된 옷이나 천

실험 결과

옛날 그리스 철학자 탈레스는 호박*이란 보석을 털가죽으로 문지르다가 가벼운 물체들이 달라붙는 걸 발견했어요.
2천 년쯤이 지난 후에야 탈레스의 발견을 '전기'라고 부르기 시작했지요.
이와 같은 전기는 물체를 마찰하면 생긴다고 해서 '마찰 전기'라고도 하고, 전기가 물체 안에 머물러 있다고 해서 '정전기'라고도 부르지요.

천으로 문지르면 금속 접시는 전기를 띠게 돼요. 전기를 띤 접시에 열쇠나 손가락을 대면 전기가 옮겨 가는데, 이때 조그만 불꽃이 생겨요.
거센 폭풍우가 칠 때도 같은 일이 일어나요. 구름 속에서 작은 얼음 알갱이들이 서로 부딪히면서 정전기를 만들어 내고,
아주 거대한 불꽃을 일으켜요. 이게 바로 번개예요. 다른 점은 발생하는 전기의 양이 어마어마하게 크다는 것이지요.

모자를 벗을 때를 생각해봐요. 마찰 때문에 정전기가 생겨 머리카락이 전기를 띠게 돼요. 금속이나 사람의 몸과는 달리,
머리카락은 전기가 통하지 않아요. 머리카락 하나하나에 전기가 남아 서로 밀어내고 모자에 이끌려 가요.
그래서 머리카락들은 잠시 동안 공중에 붕 떠 있게 되지요. 이게 바로 머리카락 정전기예요.

영화

그림 스테파니 라손

파리 최고의 미용사

장 부아예 감독이 1952년에 만든 프랑스 영화 〈미용사〉를 소개할게요. 주인공 마리오는 프랑스의 유명한 배우 페르낭델*이 연기했어요. 친구와 함께 미용사와 손님이 되어 〈미용사〉의 한 장면을 연기해 보세요.

줄거리

마리오는 양털 깎는 일을 하다 애견 미용사와 인형 미용사를 거쳐 마침내 파리에서 최고로 유명한 미용사가 되지요. 꿈을 이루고 인정을 받기까지 마리오는 끝없는 노력을 해야만 했어요.

등장인물

- 마리오, 미용사
- 질리베르 부인, 길모퉁이 정육점 주인이자 마리오의 단골손님

의상

- 마리오는 미용실 작업복을, 질리베르 부인은 미용실 가운을 입고 있어요.

액션 (미용실/낮)

마리오는 아직 유명하지 않고 단골손님 몇몇만 드나드는 아주 작은 미용실에서 일하고 있어요. 정육점 주인 질리베르 부인이 머리를 하는 중이에요.

대사

마리오 (질리베르 부인의 머리를 매만지며)
그래서요, 질리베르 부인. 장사는 잘되시나요?

질리베르 부인
우리 마리오 씨한테 굳이 말할 필요는 없지만, 프랑크푸르트 소시지*는 잘 안 팔리는데, 치폴라타 소시지*는 꾸준히 잘 팔려요.

마리오
아, 요즘 치폴라타 소시지가 잘 팔리는군요. 정육점이 잘되면 다 잘되는 거죠!

질리베르 부인
마리오 씨는 어때요, 잘 살고 있어요?

마리오
그럼요. 아! 움직이지 마세요. 뻗친 머리가 있어요.
뻗친 머리를 자른다.

질리베르 부인 (거울을 보며 감탄하는 목소리로)
오, 마리오 씨. 당신은 정말 굉장한 예술가예요!

마리오
손님 나름이죠. 부인처럼 모양을 만들기 좋은 머리면 예술가가 되기 쉽지요. 저는 아름다운 대리석을 조각하는 마음으로 머리를 한답니다!

질리베르 부인 (아주 열정적인 목소리로)
마리오 씨, 당신은 조각가일 뿐만 아니라 위대한 음악가이기도 해요!

마리오 (겸손한 목소리로)
오, 아니에요. 저는 손가락 두 개로 간신히 피아노를 치고 있는걸요.

질리베르 부인 (더욱 열정적인 목소리로)
아니에요, 마리오 씨, 아니에요! 당신이 연주하는 건 바이올린이에요. 우리 머리카락이 당신의 악기예요. 당신의 손가락과 의기양양한 활이 우리 머리를 아름답게 진동하게 만들죠.

마리오
아, 제가 이 일을 즐기는 건 사실입니다. 이 일은 그냥 직업이 아니라 고귀한 정신이 깃든 예술 작업이지요.

질리베르 부인
고귀한 정신이 깃든 예술이라고요? 표현이 참 멋지네요.

마리오
다 됐습니다, 질리베르 부인. 머리, 마음에 드시나요? 다들 작은 천사 같다고 할 거예요.

질리베르 부인
마리오 씨, 당신은 정말 마법사 같아요!
질리베르 부인이 일어선다.

마리오 (가운 벗는 걸 도와주며)
자, 이리 주시지요.

질리베르 부인 (출입구 쪽으로 다가가며)
외상* 장부에 적어 놔요. 그리고 이건 마리오 씨 거예요.
마리오의 손에 동전 하나를 쥐여 준다.

마리오 (동전을 보지도 않고)
오, 이렇게 많이 주시다니요.

질리베르 부인
아니, 얼마 안 돼요.

마리오
아뇨, 과하십니다.

질리베르 부인
안녕히 계세요.

마리오
안녕히 가세요.
동전을 바라보고 실망한 표정을 짓는다.

위와 같은 영화 대본을 '시나리오'라고 해요. 시나리오는 등장인물끼리 주고받는 말인 '대사'와 몸짓이나 말투, 상황 등을 알려주는 말인 '지시문'으로 이루어져 있어요. 시나리오를 읽어 보고, 친구들과 〈미용사〉의 주인공이 된 것처럼 연기해 보세요.

만들기

그림 스테파니 라슨

이집트 여왕이 되어 보자
클레오파트라의 가발

이제 마지막으로 클레오파트라의 가발을 만드는 방법을 알려줄게요.
나일강을 산책할 때 쓰면 좋겠죠! 이 가발은 꼭 검은색으로만 만들어야 해요.

준비물
> A4 크기의 두꺼운 마분지 1장   + 자   + 검은색 A4 색상지 6장
+ 연필   + 스테이플러   + 가위

만드는 법

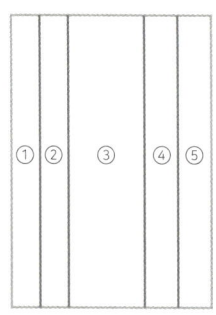

1 마분지를 세로로 놓고 왼쪽에서부터 3, 6, 14, 17.5cm 되는 부분에 점을 찍어요. 아래쪽에도 똑같은 지점에 점을 찍고, 자를 대고 아래위 두 점 사이에 선을 그어요. 각 부분에 왼쪽 그림처럼 ①~⑤까지 표시를 하고 가위로 잘라요.

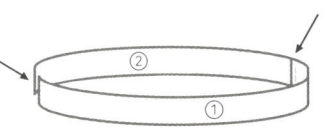

2 ①과 ②를 스테이플러로 찍고 그림처럼 이어서 원을 만들어요.

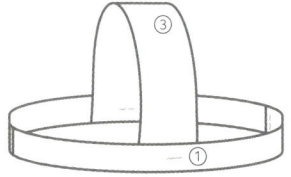

3 그림처럼 스테이플러를 이용해 ③을 붙여요.

4 같은 방법으로 ④, ⑤를 붙여요. 단, 옆의 그림처럼 ③ 아래에 ④와 ⑤가 오게 해요.

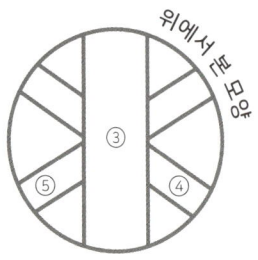

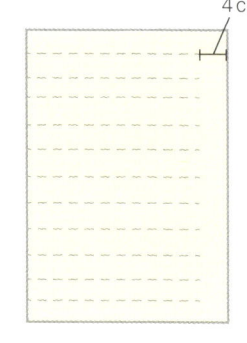

5 이제 머리카락을 만들 차례예요. 왼쪽 그림처럼 검은 색상지를 세로로 놓고 가위를 이용해 2~4cm 두께로 잘라요. 끝에서 4cm 정도는 남겨 놓아야 해요. 미리 종이에 선을 그어 놓고 자르면 반듯하게 자를 수 있어요.

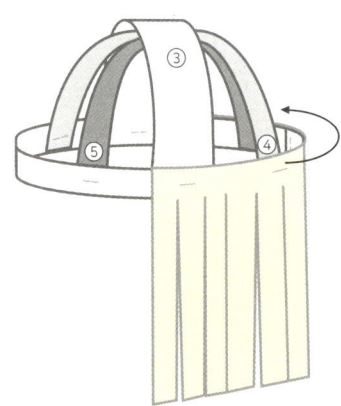

6 다 자른 머리카락 부분을 ③부터 시작해서 스테이플러로 붙여요.

7 5의 과정을 반복해서 머리카락을 만든 다음, 이번에는 반대쪽 ③부터 붙여요.

8 풍성한 가발을 만들고 싶으면, 5, 6, 7 과정을 반복해요.
단 이번에 만든 머리카락을 붙일 때는 아까 붙인 것보다 4cm 위쪽에 빙 둘러서 붙여요. 역시 ③부터 붙이기 시작해요.

9 앞머리라고 생각하는 부분을 정해서 자르고, 오른쪽과 왼쪽 머리도 길이를 맞춰서 잘라요.

10 풍성한 가발을 만들고 싶으면 머리카락을 더 붙이면 돼요.

조르주의 보너스 퀴즈!

오늘은 머리를 자르러 미용실에 갔어요.
미용실에는 머리할 때 쓰는 온갖 도구와 재료들이 있어요.
아래 미용 도구와 재료 목록을 글자 표에서 찾아보세요.

미용 도구와 재료 목록

- 머리빗
- 미용 가위
- 염색약
- 붙임머리*
- 매직기
- 파마 롯드*
- 파마 모자
- 드라이어
- 머리핀
- 미용실 가운
- 미용 의자
- 샴푸대

아	상	하	미	용	가	위	라	조	수	상	명
로	지	코	용	살	매	오	보	식	창	붙	채
샴	차	호	실	휴	죠	직	살	모	닉	임	벨
푸	고	독	가	상	노	복	기	톡	치	머	복
대	조	쵸	운	쥬	카	록	침	가	록	리	쏘
로	새	직	말	대	미	용	의	자	스	홋	곡
코	파	마	롯	드	뇨	추	호	계	라	진	머
호	겨	마	삭	홍	너	숲	체	려	삭	창	리
제	롱	도	모	쑤	록	유	머	켜	폭	바	핀
락	염	안	삼	자	전	핫	졸	리	식	칠	조
진	색	놀	전	해	복	톡	치	날	빗	지	랑
술	약	고	혀	쇼	덧	드	라	이	어	락	찰

낱말풀이

여러분, 책을 읽다가 모르는 낱말이 있었나요?
*표시가 된 어려운 낱말의 뜻을 이곳에서 찾아보세요.
모르는 낱말이 여기에 없다면 사전을 찾으면 돼요.

ㄱ

- **감전** 몸의 일부에 전기가 통하고 있는 물체가 닿아서 충격을 받은 것
- **고군분투** 숫자가 매우 적은 군사 또는 홀로 용기를 내어 힘겹게 싸우는 모습. 남의 도움을 받지 않고 힘든 일을 잘해 나간다는 뜻
- **군말** 하지 않아도 좋은 군더더기 말

ㄷ

- **두피** 머리를 덮고 있는 살갗
- **드릴** 나무나 금속에 구멍을 뚫는 공구

ㄹ

- **롯드** 파마할 때 쓰는 막대기 모양의 도구
- **르네상스** 14~16세기에 유럽 여러 나라에서 일어난 문화 혁신 운동으로 학문이나 예술의 부활, 재생의 뜻을 가지고 있음
- **리젠트 스타일** 앞 머리카락을 위로 높게 빗어 넘기고, 옆 머리카락을 뒤로 빗어서 딱 붙인 남자 머리 모양

ㅁ

- **모** 동물의 몸에서 깎아 낸 털로 만든 섬유. 특히 양털을 이르는 말
- **모터** 전기를 이용해 회전을 하여 에너지를 만드는 기계

ㅂ

- **밤색** 검은색을 띤 갈색
- **밥 말리** 자메이카의 가수이자 작곡가. 레게 음악과 드레드락 헤어스타일로 유명함
- **보정** 부족한 부분을 보태어 바르게 하는 것을 뜻하는 말. 촬영한 사진을 더 아름답게 만드는 것을 의미하기도 함
- **붙임머리** 머리카락 끝에 이미 잘라 낸 다른 머리카락을 붙여 머리카락의 길이를 늘이거나 숱을 풍성하게 보여 주는 스타일

ㅅ

- **서명 운동** 어떤 주장이나 의견에 대해 찬성한다는 뜻으로 서명을 받는 운동
- **세팅하다** 열을 가하여 머리카락을 둥글게 말아 올려 전체적인 머리 모양을 보기 좋게 다듬는 것을 뜻함
- **시위** 많은 사람이 같은 목적을 가지고 집회나 행진을 하면서 자신들의 생각과 의견을 표현하는 것

ㅇ

- **암벽화** 동굴, 절벽, 바위 등에 그린 그림. 세계 곳곳에서 구석기 시대부터 중세까지 각 시대의 것이 발견됨
- **엔지니어** 기계, 전기, 토목 분야에서 일하는 기술자
- **인쇄체** 책이나 문서로 인쇄할 때 쓰이는 글씨체
- **외상** 값은 나중에 치르기로 하고 물건을 사거나 파는 일

ㅈ

- **작위** 벼슬과 지위를 통틀어 이르는 말
- **진열대** 물건이나 상품을 진열해 놓을 수 있도록 만든 대
- **집회** 여러 사람이 같은 목적을 이루기 위해 함께 모임을 갖는 일

ㅊ

- **치폴라타 소시지** 돼지고기 혹은 돼지고기와 쇠고기를 섞어서 만든 비가열 소시지

ㅋ

- **크루아상** 초승달 모양의 빵
- **크로켓** 다진 고기와 잘게 썬 채소를 잘 섞어 동그랗게 빚은 후 달걀과 빵가루를 묻혀 튀긴 음식

ㅍ

- **펑크스타일** 1970년대 후반에 런던 젊은이들 사이에 유행한 복장과 헤어스타일. 너덜너덜한 티셔츠에 술을 단 재킷을 입거나 머리카락을 곧추세움
- **페르낭델** 프랑스의 배우이자 가수. 코미디 스타로 인기를 끌면서 이탈리아와 미국 영화에도 출연함
- **폴리에스터(=폴리에스테르)** 당겼을 때의 강도(센 정도)가 나일론 다음으로 높은 섬유. 물에 젖어도 강도가 변함이 없음
- **프랑크푸르트 소시지** 독일 프랑크푸르트식 훈제 가열 소시지로 돼지고기 혼합물로 만듦
- **프로그래머** 컴퓨터 프로그램을 설계하는 사람
- **필기체** 손으로 쓴 글씨체

ㅎ

- **헤어 롤** 머리카락을 말아서 구불구불한 웨이브 효과를 줄 때 사용하는 도구
- **호박** 5000만 년 전 송진(소나무나 전나무에서 나오는 수액)이 굳어서 된 보석

답

앞뒤 표지 그림 중
다른 부분 일곱 군데는
다음과 같아요.

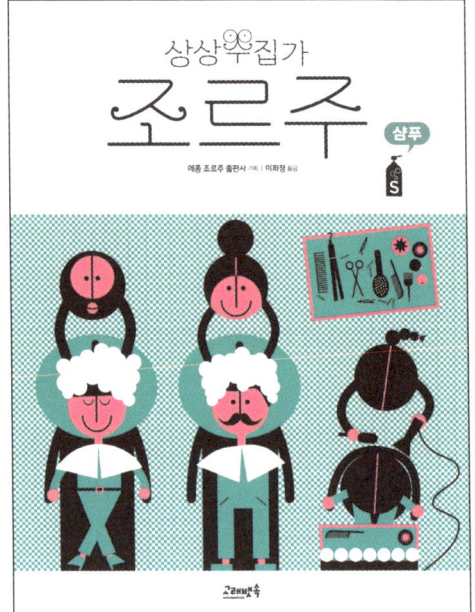
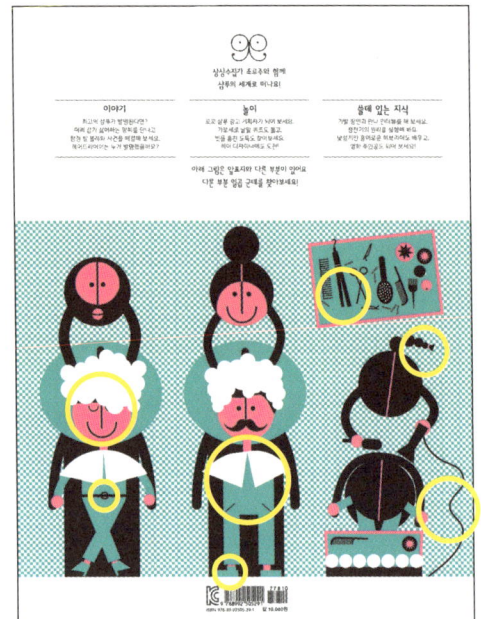

놀이 1 미용실에 갔어요!

1 - 어떠세요, **헤어드라이어**의 바람 때문에 **귀** 쪽이 너무 **뜨겁지** 않으세요?
- 아니요, **따끈따끈한** 게 아주 **좋아요.**
- 마르탱 부인, 지금 하신 머리 **스타일**이 **무척** 잘 어울리세요!
- **칭찬** 고마워요, 펠리시. 내가 **남편**이랑 **여행**을 **다녀오느라** 한동안 못 왔지 뭐예요.
- 아, **그렇군요**. 어디, **프랑스**라도 다녀오셨어요?
- 아니요. **미국**에 있는 **언니** 집에 다녀왔어요.
- 어머, 제가 전혀 **엉뚱한** 곳을 짚었네요. **좋은** 시간 보내셨어요?
- 그냥 그랬어요. 저기, 펠리시, **앞머리**를 좀 **자를 수** 있나요?
- 물론이죠, **마르탱** 부인, **가위질**만 조금 하면 끝나요. 조르주 씨, **샴푸** 하러 들어가실까요?

2 오른쪽 그림을 보면, 가위는 **3**개, 눈은 **6**개, 속눈썹은 **20**가닥이에요. 코는 **4**개, 하트는 **1**개, 귀고리는 **2**개, 립스틱은 **0**개, 몸에 있는 점은 **3**개, 헤어드라이어에 난 구멍은 **10**개예요(옆면에 **9**개와 바람 나오는 구멍 **1**개).

놀이 3 가로세로 낱말 퀴즈

①개구리 ②모서리 ③컨테이너 ④나선계단 ⑤리스본 ⑥부모님 ⑦시나리오 ⑧주인공 ⑨할아버지 ⑩맨손 ⑪오미자 ㉠모자 ㉡개나리 ㉢리모컨 ㉣오리너구리 ㉤구구단 ㉥선생님 ㉦모래시계 ㉧테니스공 ㉨인공지능 ㉩아이스크림 ㉪오른손 ㉫맨드라미

2 날씨가 더워서 <u>모자</u>를 쓰고 집에서 나왔어요. <u>부모님</u>과 머리를 자르고 <u>아이스크림</u>을 먹으러 가기로 했거든요.

놀이 4 꼬꼬 샴푸를 기획하라

1 광고 문구 ①: ㅅ-ㅁ-ㅈ   광고 문구 ②: ㅇ-ㅂ-ㄱ   광고 문구 ③: ㄷ-ㄴ-ㄹ
3 머리카락은 닭 모양이고, 머리핀은 달걀 모양이다.

놀이 5 머리카락의 이모저모

1 1>ㄷ 2>ㄹ 3>ㄱ 4>ㅂ 5>ㄴ 6>ㅁ
2 오른쪽 그림 참조

놀이 6 클레오파트라와 루이 14세의 가발

1 선사 시대 → 고대 → 중세 → 근세 → 근대 → 현대

2 그림 ① 석발 → 삭발, 변하다 → 편하다
  그림 ② 최추로 → 최초로, 되머리 → 대머리

3 향수>고대   헤어드라이어>20세기   치약>고대
  비누>고대   빗>선사 시대   헤어 롤>20세기

놀이 7 빗 도둑을 찾아라!

1 실마리 1: 범인은 오늘 아침 미용실을 다녀왔다.
실마리 2: 범인은 여자이고, 목이 길고, 구슬 목걸이를 하고 있다.
실마리 3: 머리카락은 노란색, 웃옷은 파란색   범인: 가로줄 3-세로줄 2

2 ㄱ. 가로줄 1-세로줄 3   ㄴ. 가로줄 2-세로줄 4   ㄷ. 가로줄 1-세로줄 2   ㄹ. 가로줄 3-세로줄 4
ㅁ. 가로줄 2-세로줄 1   ㅂ. 가로줄 1-세로줄 1   ㅅ. 가로줄 2-세로줄 3   ㅇ. 가로줄 3-세로줄 2
ㅈ. 가로줄 3-세로줄 3   ㅊ. 가로줄 2-세로줄 2   ㅋ. 가로줄 1-세로줄 4   ㅌ. 가로줄 3-세로줄 1

3 ㄱ: 검은색   ㄴ: 밤색   ㄷ: 갈색   ㄹ: 밝은 갈색   ㅁ: 노란색   ㅂ: 밝은 오렌지색   ㅅ: 오렌지색   ㅇ: 희끗희끗한 회색

히브리어

우유: חלב (네 번째)
차: תה (다섯 번째)
설탕: סוכר (첫 번째)
찻잔: ספל (두 번째)
메뉴: תפריט (세 번째)

상상수집가 조르주와 함께 상상을 모으러 떠나요!

1권 공룡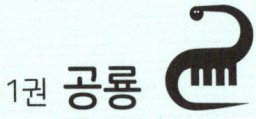

이야기 | 아델의 공룡 사촌들, 공룡을 조련한 사람, 도형 왕국의 꽃미남 왕자
놀이 | 공룡 이름 퀴즈, 공룡 기네스북, 종이 공룡 만들기
쓸데 있는 지식 | 일본어, 고생물학자 인터뷰, 영화 〈박물관은 살아 있다〉, 화산 폭발 실험

2권 유령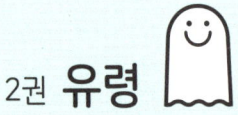

이야기 | 유령이 최고야, 유령선, 지하 묘지에 간 마키
놀이 | 마녀가 전해 준 목록, 죽은 자들의 날, 종이 유령 만들기
쓸데 있는 지식 | 루마니아어, 유령 전문 연기자 인터뷰, 영화 〈아담스 패밀리〉, 유령 디저트 유령섬

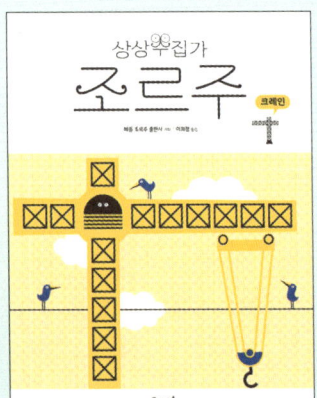

3권 크레인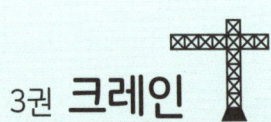

이야기 | 공사장 풍경, 구름 위를 걸었던 사나이, 항구에 간 마키
놀이 | 세계의 높은 건물 퀴즈, 집 짓는 사람들, 종이 크레인 만들기
쓸데 있는 지식 | 그리스어, 로프공 인터뷰, 영화 〈스파이더맨〉, 맛있는 디저트 브리크

4권 샴푸

이야기 | 최고의 샴푸, 공포의 머리털, 헤어드라이어의 발명
놀이 | 꼬꼬 샴푸 광고, 빗 도둑을 찾아라, 머리 감는 사람 만들기
쓸데 있는 지식 | 히브리어, 정전기 원리 실험, 영화 〈미용사〉, 가발 장인 인터뷰, 클레오파트라 가발 만들기

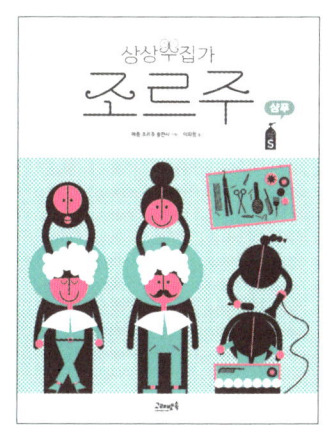

5권 의자

이야기 | 파블로와 의자, 공포의 의자 경주, 의자 하나만 그려 줘!
놀이 | 골동품 의자 가게, 즐거운 의자 놀이, 종이 의자 만들기
쓸데 있는 지식 | 의성어, 공간 디자이너 인터뷰, 종이 집 만들기, 영화 〈르 그랑 레스토랑〉, 재미있는 디저트 몬스터 카나페

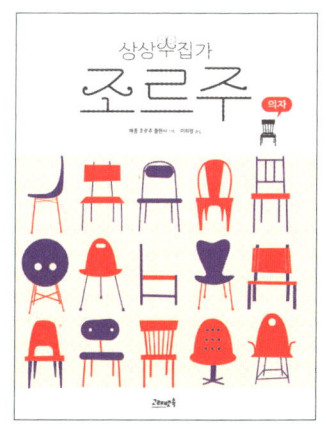

6권 UFO

이야기 | 나사의 나사 빠진 사람들, 악당의 등장, 핼러윈에 화성인이 나타났다!
놀이 | 태양계 행성 퀴즈, 숨은 외계인 찾기, 종이 비행접시 만들기
쓸데 있는 지식 | 외계인 언어, 우주 비행사 인터뷰, 영화 〈스타워즈〉, 별자리 젤리

기획 메종 조르주 출판사 Editions Maison Georges

《상상수집가 조르주》는 프랑스의 메종 조르주 출판사가 기획한 독창적인 어린이 잡지 《조르주(Georges)》의 한국어 판입니다.
각 호마다 주제를 정한 뒤, 주제에 맞는 다양한 이야기, 놀이, 지식 정보를 담아, 아이들이 스스로 주제를 탐구하고 상상력을 키웁니다.
독특한 구성으로 프랑스 내 여러 잡지사들로부터 극찬을 받았습니다.

글 델핀 페레, 마리 노비옹, 뱅상 자도, 마리 미뇨
그림 아누크 리카르, 마리 노비옹, 세브랭 미예, 마리 미뇨, 제레미 클레이스, 스테파니 라슨,
장다비드 맹스루, 마르탱 자리, 벤 자벤스, 록산느 뤼메레, 아멜리 팔리에르

옮김 이희정
서울여자대학교 불어불문학과와 한국외국어대학교 통번역대학원 한불과를 졸업했습니다.
《안녕 판다》,《학교에서 정치를 해요》,《어린이 아틀라스》와 같은 도서를 우리말로 옮겼습니다.

상상수집가 조르주
4권 샴푸

1판 1쇄 2019년 4월 8일

기획 메종 조르주 출판사 **글** 뱅상 자도 외 3인 **그림** 세브랭 미예 외 10인 **옮김** 이희정
편집 류효주, 김양희, 오선희 **아트디렉팅** 이인영 **디자인** 림어소시에이션 정다운 **찍은곳** 동인 AP
펴낸이 김구경 **펴낸곳** 고래뱃속 **출판등록** 제2013-000100호
주소 서울특별시 마포구 망원로2길 24, 3층(망원동) **전화** 02.3141.9901 **전송** 02.3141.9927
전자우편 goraein@goraein.com **홈페이지** www.goraein.com **페이스북** facebook.com/goraein **인스타그램** goraebaetsok

Georges
Copyright ⓒ Editions Maison Georges
Georges is a registered trademark by Editions Maison Georges
Translation copyright ⓒ 2019, Goraebaetsok
This edition was published by arrangement with The Picture Book Agency, Paris,
France and The Choice Maker Korea Co. All rights reserved.

ISBN 978-89-92505-89-5 74370
ISBN 978-89-92505-80-2 74370(세트)

이 책의 한국어판 저작권은 초이스메이커코리아를 통해 저작권자와 독점 계약한 고래뱃속에 있습니다.
신저작권법에 따라 한국 내에서 보호를 받는 저작물이므로 무단 전재와 무단 복제를 금합니다.

이 책의 국립중앙도서관 출판예정도서목록(CIP)은 서지정보유통지원시스템(http://seoji.nl.go.kr)과
국가자료공동목록시스템(http://www.nl.go.kr/kolisnet)에서 이용하실 수 있습니다.(CIP 제어번호: 2019011119)

제품명_상상수집가 조르주 4권 샴푸 | 제조자명_고래뱃속 | 제조국명_대한민국 | 인증유형_공급자 적합성 확인 | 사용 연령_7세 이상
주소_서울특별시 마포구 망원로2길 24, 3층(망원동) | 전화_02.3141.9901 | 제조일_2019년 4월 8일
• KC마크는 이 제품이 공통안전기준에 적합하였음을 의미합니다.
주의_아이들이 책을 입에 대거나 모서리에 다치지 않게 주의하세요.